Manifestar con conciencia: 21 días para crear desde la intención y la presencia

Elvira Sombra

Manifestar con conciencia: 21 días para crear desde la intención y la presencia

ISBN: 979-8-9956492-1-2
Publicado por Sombra Editorial
Primera edición: 2026
Impreso en los Estados Unidos de América

DEDICATORIA

A todas las personas que están atravesando un proceso y, aun así, han elegido no rendirse.

A quienes sienten el deseo de cambiar su vida y han tomado la decisión consciente de mirarse con honestidad, pausar y trabajar en sí mismas desde la conciencia.

Este libro es para quienes se permiten imaginarse en la persona que están en proceso de convertirse, entendiendo que el cambio verdadero no nace de la prisa, sino del compromiso interno con su propia transformación.

Que estas páginas acompañen tu camino mientras eliges crecer, sanar y crear una vida más alineada con quien verdaderamente eres.

Introducción

Una pausa consciente para volver a ti

INTRODUCCIÓN

Una pausa consciente para volver a ti

Este no es un libro para quien busca respuestas rápidas ni fórmulas que prometan resultados inmediatos.

Es una invitación para quien está dispuesta a mirarse con honestidad y a asumir un rol activo en la creación de su propia vida.

Este espacio fue pensado como una pausa consciente.

No para huir del mundo, sino para regresar a él con mayor claridad.

Para detenerte, escucharte y observar desde dónde estás creando hoy tus decisiones, tus deseos y tus expectativas.

Vivimos acostumbradas a avanzar sin cuestionar.

A desear sin revisar desde qué lugar nace ese deseo.

A manifestar sin darnos cuenta de que, incluso en la inconsciencia, ya estamos creando.

Este libro parte de una verdad sencilla, pero profunda: no empiezas a manifestar cuando pides algo nuevo; ya estás manifestando todo el tiempo.

La diferencia está en si lo haces desde la reacción o desde la conciencia.

Aquí no se trata de convertirte en alguien distinto, sino de reconocer quién eres cuando bajas el ruido externo y te permites habitarte con honestidad.

De observar tus pensamientos, tus emociones y tus acciones sin juicio, pero también sin evasión.

A lo largo de estas páginas no encontrarás promesas absolutas ni discursos de perfección.

Encontrarás preguntas, prácticas y pausas diseñadas para acompañarte a asumir responsabilidad emocional sobre lo que eliges crear.

Manifestar, en este contexto, no es controlar la vida.

Es aprender a relacionarte con ella desde un lugar más presente, más coherente y más verdadero.

Si decides continuar, hazlo con apertura. No para exigirte resultados, sino para permitirte un proceso.

CAPÍTULO I

Manifestar con conciencia

Comprender el proceso antes de recorrerlo

Manifestar no es magia, ni pensamiento positivo constante, ni repetir palabras vacías esperando que la vida responda.

Tampoco es negar el dolor, acelerar procesos o forzarte a "vibrar alto" cuando por dentro estás agotada.

Manifestar con conciencia no consiste en aparentar bienestar ni en sostener una versión optimista de ti misma cuando algo duele.

Tampoco es una forma de evitar la incomodidad o de saltarte procesos internos que piden ser atendidos.

La conciencia no promete comodidad; propone honestidad.

Manifestar es un proceso consciente que requiere presencia, claridad y participación activa en tu vida emocional, mental y práctica.

No ocurre solo en la mente ni se limita a lo que deseas atraer.

Se construye en la forma en que piensas, sientes, decides y actúas cada día, incluso cuando no te das cuenta.

Ya estás manifestando incluso cuando no eres consciente de ello.

Tus decisiones, tus reacciones, tus silencios y tus repeticiones también crean.

Comprender esto no es para culparte, sino para devolverte responsabilidad y poder.

No todo lo que ocurre en tu vida es tu responsabilidad, pero sí lo es la forma en que eliges responder a ello.

Asumir esta responsabilidad no significa cargar con el pasado ni exigirte resultados.

Significa reconocer que tienes un margen real de participación en lo que eliges sostener hoy. Y, desde ahí, recuperar la posibilidad de crear con mayor conciencia.

Manifestar con conciencia implica observar desde dónde nace tu deseo:

¿Desde la expansión o desde la carencia?

¿Desde el anhelo genuino o desde una herida no atendida?

¿Desde el deseo de crecer o desde la necesidad de validación?

No todas las intenciones nacen del mismo lugar, y reconocerlo cambia por completo el proceso.

Un mismo deseo puede surgir desde la huida o desde la elección, desde el miedo o desde la claridad.

La diferencia no está en lo que deseas, sino en el lugar interno desde el cual lo nombras.

Manifestar no es controlar resultados ni imponer tiempos. Tampoco es vivir reaccionando únicamente a lo que sucede afuera.

Es aprender a dirigir tu atención hacia lo que deseas crear, alineando intención, emoción, palabra y acción, y aceptando que habrá momentos de claridad y otros de resistencia.

Ambos forman parte del camino.

A veces, la resistencia no es un obstáculo, sino una señal. Una invitación a observar qué parte de ti necesita ser escuchada antes de avanzar.

La conciencia no elimina la duda; te enseña a relacionarte con ella sin huir.

Imagina, por ejemplo, el deseo de un cambio laboral.

No solo importa el puesto que quieres o el resultado que imaginas, sino desde dónde nace ese deseo: si buscas huir del agotamiento o construir algo que te sostenga; si anhelas reconocimiento externo o un mayor equilibrio interno.

La manifestación consciente comienza cuando te haces estas preguntas, no cuando envías el currículum.

Los cinco pasos esenciales de la manifestación

Una estructura consciente, no una fórmula rígida

Los pasos que trabajaremos a continuación no son reglas ni garantías. No prometen resultados inmediatos ni caminos perfectos.

Son una estructura para ayudarte a observar cómo participas, de manera consciente o inconsciente, en la creación de tu vida cotidiana.

No se trata de seguirlos como instrucciones, sino de utilizarlos como un mapa de autoobservación.

Un marco que te permita reconocer qué estás sosteniendo, qué estás evitando y desde dónde estás eligiendo.

Para ilustrarlos, utilizaremos un ejemplo sencillo y común: el deseo de un trabajo o de una etapa laboral más alineada con lo que hoy necesitas.

Primer paso · La intención clara

Nombrar con honestidad

No puedes sostener una intención que no has nombrado con verdad. La claridad no surge de frases amplias o deseos vagos, sino de un anhelo que ha sido observado, aceptado y asumido.

Decir "quiero estar mejor" no es lo mismo que decir:

"Deseo estabilidad, tranquilidad y un espacio donde pueda crecer sin sentirme constantemente en alerta".

Nombrar una intención clara también implica renunciar a otras posibilidades.

Cada vez que eliges con honestidad, algo queda afuera, y eso puede generar incomodidad o miedo. Por eso, muchas veces preferimos deseos difusos: porque no nos comprometen.

Antes de escribir tu intención, pregúntate:

¿Qué estoy buscando realmente? ¿Qué parte de mí necesita esto? ¿Qué cambiaría en mí si esto se manifestara?

La intención clara no exige certeza absoluta, pero sí honestidad emocional.

Escribe tu intención con la mayor honestidad posible:

____

____

Segundo paso · La emoción alineada

Sentir antes de ver

No se trata solo de pensar en lo que deseas, sino de permitirte sentir cómo se viviría esa experiencia en tu cuerpo y en tu día a día.

La emoción es el puente entre la intención y la acción, pero también es un espejo.

A veces refleja calma, ilusión o expansión. Otras veces muestra miedo, duda o resistencia. Todas esas emociones contienen información valiosa. Si al imaginar tu deseo aparece incomodidad, obsérvala.

No la corrijas de inmediato.

La emoción también trae mensajes que necesitan ser escuchados antes de avanzar.

La alineación emocional no consiste en sentirte bien todo el tiempo, sino en reconocer con honestidad lo que aparece.

Tómate un momento antes de escribir. No busques respuestas correctas.
Al imaginar este deseo, ¿qué emoción aparece primero?

____

____

¿En qué parte de tu cuerpo la sientes?

____

____

Tercer paso · La palabra y el pensamiento

El diálogo interno como dirección

La forma en que te hablas sostiene o sabotea el proceso. No se trata de reemplazar una frase negativa por una afirmación artificial, sino de elegir un lenguaje más honesto y compasivo contigo misma.

No es lo mismo decir:

"Esto nunca se da para mí"

que reconocer:

"Estoy aprendiendo a sostener algo distinto a lo que conocía".

Las palabras no crean magia, pero sí crean dirección.

El diálogo interno que repites a diario influye en las decisiones que tomas y en la forma en que interpretas tus experiencias.

El lenguaje que eliges no define el resultado, pero sí el camino desde el que caminas hacia él.

Ejercicio de observación del diálogo interno

Tómate un momento antes de escribir. No busques respuestas correctas. Antes de intentar cambiar lo que piensas, obsérvalo con honestidad y sin juicio.

Cuando piensas en este deseo, ¿qué frase aparece con más frecuencia en tu mente?

____

____

¿Esa frase te acompaña o te limita?

____

____

Ahora, sin forzarte a "pensar positivo", prueba reformularla desde un lugar más honesto y amable contigo:

En lugar de decir:

____

____

Podrías decir:

____

____

No se trata de convencerte de algo que no sientes, sino de hablarte de una forma que no te abandone en el proceso.

Cuarto paso · La acción coherente

Moverte aunque no tengas certeza

Manifestar no es esperar señales perfectas. Es tomar acciones pequeñas y reales alineadas con tu intención, incluso cuando todavía hay miedo o duda.
La coherencia no exige grandes cambios inmediatos.

Exige pasos posibles que honren lo que dices desear. A veces, un movimiento pequeño sostenido en el tiempo transforma más que un impulso intenso sin continuidad.

Moverte también es una forma de manifestar.

Ejercicio de acción consciente

Tómate un momento antes de escribir. No pienses en el resultado, solo en el siguiente paso posible.
¿Qué acción pequeña y concreta puedes realizar en los próximos días que esté alineada con tu intención?

____

¿Qué miedo o resistencia aparece cuando piensas en dar ese paso?

____

Aun con ese miedo, ¿qué compromiso mínimo puedes asumir contigo?

____

No se trata de hacer más, sino de moverte sin traicionarte.

Confiar no es dejar de actuar. Es dejar de controlar el resultado.

Después de hacer tu parte, aprender a soltar es un acto de madurez emocional. No porque no te importe, sino porque reconoces que no todo depende de ti.

La fe, en este contexto, no es pasividad.

Es descanso interno.

Ejercicio de rendición consciente

Respira lento antes de escribir. Este ejercicio no busca respuestas, sino alivio.

¿Qué parte de este proceso sientes que has estado intentando controlar en exceso?

____

¿Qué sería soltar un poco ese control, sin dejar de cuidarte?

____

Escribe una frase que te ayude a recordar que ya hiciste tu parte:

____

Confiar no es olvidar tu intención, sino permitir que la vida también participe.

CAPÍTULO II

El proceso en práctica

Gratitud, coherencia y acción consciente

Este capítulo no introduce conceptos nuevos. Propone algo más exigente: aplicar con honestidad lo que ya has comprendido.

Comprender un proceso es distinto a vivirlo. Muchas ideas pueden resultar claras en la mente y, aun así, no transformarse en experiencia.

La práctica es el espacio donde la conciencia deja de ser concepto y comienza a convertirse en forma de vida.

Aquí no se trata de hacerlo perfecto ni de cumplir un ritual. Se trata de observar, en lo cotidiano, desde dónde estás creando tus decisiones, tus palabras y tus acciones.

La práctica no busca resultados inmediatos; busca coherencia interna.

Manifestar en la práctica no es un acto aislado ni un momento puntual.

14

Es una forma de relacionarte contigo misma mientras eliges, dudas, avanzas y pausas.

Es aprender a estar presente también cuando no hay certeza.

Permítete recorrer este capítulo sin prisa.

No para corregirte, sino para hacer consciente lo que ya ocurre en ti.

La gratitud como punto de partida

Reconocer antes de pedir

Antes de pedir algo nuevo a la vida, es importante detenerte y reconocer lo que ya te ha sostenido.

No como una obligación ni como una técnica, sino como un acto de presencia.

La gratitud no existe para negar lo que falta. Existe para ordenar tu mirada.

Cuando agradeces desde la conciencia, tu atención deja de enfocarse únicamente en la carencia y comienza a reconocer la totalidad de tu experiencia.

No porque todo esté resuelto, sino porque eliges ver tu vida completa: lo que duele, lo que falta y también lo que permanece.

Agradecer no significa conformarte ni renunciar a lo que deseas. Significa reconocer desde dónde partes.

La gratitud no sustituye el deseo; lo ordena.

Antes de continuar, pregúntate con honestidad:

¿Desde qué lugar estoy deseando algo nuevo?

¿Desde la urgencia, el cansancio o la comparación?

¿O desde una elección consciente y cuidada?

Respira lento…

Permite que tu cuerpo se calme antes de escribir.

Ejercicio de gratitud consciente

Reconoce aquello que hoy puedes agradecer, incluso si no es perfecto.

Agradezco hoy…

____

____

____

____

____

____

Gracias.
Gracias.
Gracias.

PASO UNO · NOMBRAR TU INTENCIÓN

La claridad como acto de responsabilidad

La intención clara da dirección al proceso. No como una exigencia, sino como un acto de responsabilidad contigo misma.

Nombrar tu deseo con honestidad implica reconocer qué necesitas realmente en esta etapa de tu vida, más allá de lo que crees que "deberías" querer o de lo que otros esperan de ti.

No todas las intenciones nacen del mismo lugar.

Algunas surgen del crecimiento y la expansión; otras, de la herida, el cansancio o el miedo.

Ninguna es incorrecta.

Pero todas merecen ser observadas con conciencia.

Nombrar tu intención también implica compromiso.

Cuando eliges con claridad, renuncias a la ambigüedad que evita el movimiento.

Por eso, muchas veces preferimos deseos vagos: porque no nos confrontan, no nos piden participación y no nos invitan a actuar.

Antes de escribir tu intención, detente un momento y pregúntate:

¿Qué estoy buscando realmente en este momento de mi vida?
¿Qué parte de mí necesita esto hoy?
¿Qué cambiaría en mí si esta intención se manifestara?

La intención clara no exige certeza absoluta, pero sí honestidad emocional.

EJERCICIO · TU INTENCIÓN CLARA

Respira lento antes de escribir.
No busques la intención "correcta", busca la más honesta.

Mi intención clara es:

____

____

____

____

(Escribe desde lo que es, no desde lo que debería ser.)

PASO DOS · SENTIR ANTES DE VER

La emoción como información

La emoción no es un requisito para "atraer" algo.

Es información sobre cómo te relacionas con tu deseo.
Permítete sentir cómo se viviría aquello que deseas crear.

No imagines resultados ideales; observa sensaciones reales. ¿Hay calma, entusiasmo, miedo, resistencia, duda? Todo lo que aparezca es válido.

La emoción alineada no siempre es cómoda.

A veces revela partes de ti que necesitan atención antes de avanzar. Ignorar esa información no acelera el proceso; solo lo vuelve más confuso.

Sentir antes de ver no significa forzarte a sentir algo distinto, sino permitirte escuchar lo que ya está presente.

EJERCICIO · OBSERVACION EMOCIONAL

Respira lento antes de escribir. No intentes corregir lo que sientes.

Si este deseo ya fuera real, hoy me sentiría:

____

____

____

Al imaginarlo, la emoción que aparece con mas fuerza es:

____

____

____

¿Qué podría estar pidiéndome esa emoción que observe antes de avanzar?

____

____

____

PASO TRES · EL PODER DE LA PALABRA

El diálogo interno como dirección

La forma en que te hablas influye directamente en las decisiones que tomas y en cómo sostienes el proceso.

Tus palabras no crean magia, pero sí crean dirección interna.

No se trata de mentirte ni de repetir frases positivas que no resuenan contigo.

Se trata de elegir un lenguaje que te acompañe en lugar de castigarte, especialmente cuando dudas, te equivocas o algo no avanza como esperabas.

El diálogo interno que sostienes en silencio tiene un impacto real en tu energía, tu motivación y tu forma de actuar.

Antes de intentar cambiar lo que piensas, obsérvalo con honestidad.

¿Cómo te hablas cuando algo no sale como planeabas?

EJERCICIO · OBSERVACION DE EL DIÁLOGO INTERNO

Respira lento antes de escribir. No busques la frase "correcta", solo la más verdadera.

Antes

(Frase que suelo repetirme en este proceso):

____

____

____

Ahora

(Una forma más honesta y compasiva de hablarme):

____

____

____

No se trata de convencerte de algo que no sientes, sino de elegir palabras que no te abandonen mientras avanzas.

PASO CUATRO · DAR PASOS REALES

La acción como coherencia

Manifestar no es esperar a sentirte lista.

Es moverte con honestidad, incluso cuando
todavía hay miedo o incertidumbre.

La acción coherente no tiene que ser grande ni
visible para otros.

Tiene que ser real para ti.

Un paso pequeño, sostenido en el tiempo, crea
más transformación que un impulso intenso sin
continuidad.

A veces, la acción no consiste en hacer más, sino
en hacer distinto: elegir mejor, poner límites,
pedir ayuda, ordenar prioridades.

Antes de elegir tu acción, haz una pausa y
pregúntate con sinceridad:
¿Esto honra mi intención o solo busca calmar mi
ansiedad?

———————————————————————————

———————————————————————————

EJERCICIO · ACCIÓN CONSCIENTE

Respira lento antes de escribir.

No pienses en el resultado, solo en el siguiente paso posible.

Esta semana, mi acción coherente será:

____

____

____

____

Si aparece miedo o resistencia, obsérvalos sin detenerte.

Moverte con respeto hacia ti también es una forma de manifestar.

PASO CINCO · SOLTAR CON CONFIANZA

La fe como descanso interno

Confiar no es dejar de actuar. Es dejar de controlar el resultado.

Después de hacer tu parte, soltar es un acto de madurez emocional. No porque no te importe lo que deseas, sino porque reconoces que no todo depende de ti.

Soltar no significa desentenderte del proceso, sino dejar de tensarte frente a él y permitir que la vida también tenga espacio para responder.

La fe, en este contexto, no es pasividad.

Es descanso interno.

Herramientas de apoyo

Repetición consciente como ancla

Estas herramientas no sustituyen la acción ni garantizan resultados.

Funcionan como recordatorios simbólicos que ayudan a sostener enfoque y presencia a lo largo del proceso.

Úsalas como acompañamiento, no como solución.

Permite que sean un ancla suave, no una exigencia.

Paz interior: 33300

Confianza y fe: 777

Claridad y enfoque: 111

La repetición no tiene poder por sí sola.

El poder está en la conciencia con la que eliges sostenerla.

CAPÍTULO III

Integración
De la intención a la vida cotidiana

La manifestación no se integra cuando comprendes un concepto, sino cuando comienzas a vivir desde esa comprensión, incluso en los días en los que no te sientes clara, alineada o motivada.

Integrar no es sostener un estado ideal.

Es aprender a regresar a ti una y otra vez, aun cuando te distraes, dudas o te cansas.

La conciencia no se demuestra en los días fáciles, sino en la manera en que eliges relacionarte contigo misma cuando el proceso se vuelve cotidiano.

Este capítulo no busca transformar tu realidad en veintiún días ni llevarte a un punto final.

Su propósito es más profundo y realista: acompañarte a habitar lo que has aprendido mientras eliges, dudas, avanzas y pausas.

Manifestar no es hacerlo perfecto.

Es volver a ti cada vez que te pierdes un poco.

Las prácticas que encontrarás aquí no son un reto ni una exigencia.
Son una invitación.

Si un día no escribes, no fallas. Si un día dudas, no retrocedes.

La conciencia no se rompe con la pausa; se fortalece cuando eliges regresar sin juicio.

Prácticas diarias de manifestación

21 días para integrar el proceso

Estas prácticas están organizadas en tres semanas.

Cada una cumple una función distinta, pero todas se sostienen entre sí:

Semana I: presencia y gratitud
Semana II: claridad y alineación
Semana III: acción y confianza

No intentes adelantarte ni corregir el ritmo.
La integración ocurre cuando respetas tu propio tiempo.

SEMANA I
PRESENCIA Y GRATITUD

Bajar el ritmo antes de crear

Esta primera semana no está diseñada para "activar" nada.

Está diseñada para desactivar el modo automático desde el cual muchas veces intentamos manifestar.

Sin presencia, el deseo se convierte en evasión.
Sin gratitud, la intención nace desde la carencia.

Aquí no se trata de agradecer para obtener algo, sino de reconocer desde dónde estás partiendo.

La gratitud consciente no te exige sentirte bien; te invita a ver con mayor amplitud.

Día 1 · Reconocer lo que ya te sostiene

Respira profundo tres veces.

Permite que tu cuerpo se aquiete antes de escribir.

Antes de comenzar, pregúntate:

¿Qué parte de mi vida me ha sostenido incluso cuando no lo noté?

____

____

Escribe tres cosas simples por las que puedas agradecer hoy.

Puedes agradecer, por ejemplo:

Tener un espacio donde descansar.
Alguien que te escuchó sin pedirte nada.
Tu cuerpo funcionando aun en días difíciles.
Una rutina que te da estructura.
El simple hecho de estar aquí hoy.

No busques lo extraordinario. Lo simple también sostiene.

____

____

____

____

Día 2 · Habitar el cuerpo con amabilidad

Observa tu cuerpo sin juicio.
No intentes cambiarlo ni corregirlo.

Agradece una parte de ti que hoy te haya
acompañado, incluso si normalmente la criticas.

Puede ser algo tan simple como:

Tus manos, que te acompañan cada día.
Tus piernas, que te sostienen y te llevan.
Tu respiración, incluso cuando no la notas.
Tu voz, aun cuando dudas de ella.

Tu cuerpo no necesita perfección.
Necesita presencia.

Día 3 · Aprender del pasado sin identificarte con él

Recuerda una experiencia difícil.
No para revivir el dolor, sino para extraer conciencia.

Pregúntate con suavidad:
¿Qué aprendí de mí que hoy me acompaña?

____

____

____

____

Tal vez aprendiste:

A poner un límite.
A escuchar tus señales internas.
A no abandonarte tan rápido.
A reconocer lo que ya no quieres repetir.

El pasado no define quién eres, pero puede enseñarte cómo sostenerte mejor hoy.

Día 4 · Valorar lo cotidiano

Agradece algo que normalmente das por hecho.
Un gesto, una rutina, una presencia silenciosa.

Puede ser:

El café o té de la mañana.
Un mensaje breve pero presente.
Una caminata conocida.
El silencio al final del día.
Algo que ocurre sin que tengas que pedirlo.

Lo cotidiano crea estabilidad.
La estabilidad es la base real de cualquier proceso
consciente.

Día 5 · Gratitud sin expectativa

Piensa en alguien que haya tocado tu vida.

Exprésale gratitud sin esperar respuesta, reconocimiento o continuidad.

Hazlo desde el reconocimiento, no desde la necesidad.

Agradecer sin expectativa es una forma profunda de soltar control.

Puedes expresar gratitud por:

Alguien que estuvo, aunque ya no esté.

Un apoyo que no fue perfecto, pero fue real.

Una enseñanza que llegó de forma inesperada.

____

____

Día 6 · Agradecer el día tal como fue

37

Antes de dormir, agradece el día sin editarlo.

No intentes cambiar nada.

Incluso si el día fue:

Ordinario.
Cansado.
Confuso.
Silencioso.

Reconocerlo sin editarlo es una forma profunda
de paz.

Día 7 · Integrar sin exigir

Lee o recuerda lo vivido esta semana.

No agregues nada.
No quites nada.

____

____

____

____

Solo observa cómo se siente estar presente sin intentar cambiarte.

Tal vez notaste:
Más presencia en lo simple.
Menos prisa interna.
Más honestidad contigo.
O simplemente más conciencia de tu ritmo.

No necesitas concluir nada.
Solo observar.

SEMANA II
CLARIDAD Y ALINEACIÓN

Observar antes de avanzar

Esta semana no busca crear más, sino mirar con honestidad desde dónde estás creando.

La claridad no siempre trae alivio inmediato.

A veces trae incomodidad.

Ambas son necesarias para avanzar con conciencia.

Día 8 · Nombrar la intención real

Ejemplos de intención (solo como referencia):

"Quiero vivir con más calma y menos exigencia."
"Deseo elegir relaciones donde no tenga que explicarme."
"Quiero confiar más en mis decisiones."

Escribe una intención clara para esta etapa de tu vida.

____

____

____

____

Luego pregúntate:

¿Esta intención nace del amor o del miedo?

____

____

____

____

Obsérvala con honestidad, sin corregirla.

Día 9 · Sentir la intención en el cuerpo

Cierra los ojos unos instantes.
No imagines resultados.
Siente.

¿Qué emoción aparece cuando piensas en tu
intención?

____

____

Ejemplos de emociones que pueden aparecer:

Apertura o alivio

Miedo o tensión

Entusiasmo mezclado con duda

(No hay emoción correcta.)

Permite que la emoción exista sin interpretarla.

Durante el día, identifica una frase limitante que repitas con frecuencia.

____

____

Ejemplos de frases limitantes:

"No es suficiente."

"Siempre me cuesta.

"Voy tarde."

"Debería poder con esto."

No luches contra ella.
Nombrarla ya es un acto de conciencia.

Día 11 · Transformar sin negar

Ejemplo de transformación honesta:

Antes:

"Nunca hago lo suficiente."

Ahora:

"Estoy aprendiendo a sostenerme sin exigirme tanto."

Reescribe esa frase desde la verdad, no desde el optimismo forzado.

Antes:

____

____

Ahora:

____

____

La honestidad sostiene más que la exigencia.

Día 12 · Elegir una acción posible

Escribe una acción pequeña y real que honre tu intención.

____

____

Ejemplos de acciones pequeñas:

Enviar un mensaje pendiente

Decir que no sin explicarte de más

Tomarte un descanso consciente

Avanzar solo diez minutos en algo importante

No elijas la ideal.
Elige la posible.

Día 13 · Actuar sin medir resultados

Realiza esa acción.

No evalúes si funcionó. Reconoce el hecho de haberte movido.

Moverte con conciencia ya es parte del proceso.

Ejemplo de recordatorio interno
"Hoy me moví, aunque no sepa aún hacia dónde llega esto."

Día 14 · Reconocer el cambio interno

Responde con honestidad:

¿Qué cambió en mí al actuar con mayor conciencia, incluso si nada externo ha cambiado aún?

____

____

____

____

Ejemplos de cambios sutiles:
Me escucho con más respeto

Me presiono menos

Me permito dudar sin juzgarme

Me siento más presente en mis decisiones

47

Sostener sin controlar

Esta última semana no te pide hacer más.
Te pide confiar distinto.

Confiar no es rendirse.
Es soltar la rigidez con la que intentas controlar el
proceso.

Día 15 · Enfrentar una postergación

Haz algo que has evitado por miedo o duda.

Ejemplos de postergaciones comunes:

Enviar un mensaje que has evitado.

Tomar una decisión pendiente, aunque no sea perfecta.

Iniciar algo pequeño que llevas tiempo aplazando.

Decir "no" a algo que ya no quieres sostener

No lo hagas perfecto.
Hazlo consciente.

Día 16 · Descansar sin culpa

Permítete descansar.

Ejemplos de descanso consciente:
Dormir un poco más.
Pausar sin justificarte.
No hacer nada productivo por un momento.
Escuchar a tu cuerpo sin negociar con él.

El descanso no retrasa el proceso; lo sostiene.

Día 17 · Reconocer tu valentía

Escribe sobre una decisión que tomaste sin tener garantías.

____

____

____

____

Reconoce la valentía que habitaba en ti, incluso si dudaste.

Ejemplos de decisiones valientes:

Elegir aunque no tuvieras garantías.

Irte de un lugar que ya no te sostenía.

Decir tu verdad aun con miedo.

Permanecer fiel a ti en medio de la duda

Día 18 · Soltar una forma de control

Identifica algo que hoy estés intentando controlar.

____

____

____

____

Ejemplos de control cotidiano:

Querer prever todos los resultados.

Revisar constantemente si "vas bien".

Exigirte claridad inmediata.

 Intentar sostener lo que ya pide soltarse.

Practica soltar, aunque sea por unas horas.

Día 19 · Agradecer el proceso

Agradece tu constancia, tu honestidad y tu presencia.

Tal vez no fue perfecto.
Tal vez dudaste, pausaste o cambiaste de ritmo.
Aun así, estuviste aquí.

Puedes agradecer, por ejemplo:

Haber continuado incluso sin claridad total.

Haber sido honesta contigo cuando algo no fluyó.

Haber regresado a ti después de distraerte.

Haber sostenido el proceso sin exigirte más de lo necesario.

El proceso también merece reconocimiento.

Día 20 · Honrar quién eres ahora

Escribe una carta breve a ti misma.

Ejemplos para la carta breve:
Lo que hoy haces distinto.
Lo que ya no toleras.
Lo que aprendiste a escuchar en ti.
La forma en que hoy te tratas con más respeto.

Reconoce quién eras al comenzar y quién eres hoy.

Día 21 · Cerrar con presencia

Respira profundo.

Repite en silencio:
Confío.
Estoy sostenida.
No necesito apresurar lo que estoy aprendiendo a habitar.

Ejemplos de cierre interno (no se escriben):

Sentir gratitud sin palabras.

Reconocer el camino recorrido.

Permitir que el proceso siga vivo.

Descansar en lo que ya es.

El cierre no es un final. Es una pausa consciente.

Estas prácticas no terminan aquí.

Puedes repetirlas, adaptarlas o retomarlas cuando lo necesites. Manifestar no es un evento aislado; es una relación continua contigo misma.

Cada vez que eliges presencia sobre prisa, conciencia sobre exigencia y honestidad sobre miedo, ya estás manifestando.

MAPA DE SUEÑOS

Dar forma visible a tu intención consciente

El mapa de sueños, también conocido como Vision Board, no es un collage decorativo ni una lista de deseos disfrazada de imágenes.

Es una herramienta de integración consciente que da forma visual a todo lo que has trabajado internamente a lo largo de este proceso.

Después de recorrer la gratitud, la claridad, la emoción, la palabra, la acción y la confianza, el Vision Board aparece como un punto de encuentro entre tu mundo interno y tu vida cotidiana.

No para exigir resultados, sino para recordarte la dirección que estás eligiendo habitar, especialmente en días comunes: cuando el entusiasmo baja, cuando la mente se distrae o cuando la rutina vuelve a ocupar espacio.

Un Vision Board creado desde la conciencia no intenta convencer a la vida ni forzar manifestaciones.

Funciona como un espejo simbólico que refleja quién estás dispuesta a ser mientras creas lo que deseas vivir. Y, como todo espejo, no está para presionarte: está para mostrarte con más claridad.

Este mapa no representa únicamente lo que quieres tener.

Representa la forma en la que eliges estar contigo misma mientras lo construyes.

Antes de comenzar, es importante comprender algo esencial:
el Vision Board no tiene poder por sí solo.

El poder está en la conciencia con la que lo creas y en las decisiones que sostienes después.

El propósito real del mapa de sueños

El objetivo de esta práctica no es visualizar para obtener, sino visualizar para alinear.

Alinear intención, emoción, palabra y acción en un lenguaje que tu mente y tu emoción puedan recordar incluso cuando el cansancio, la duda o la rutina aparezcan.

Un mapa de sueños consciente:

No nace de la comparación.
No responde a expectativas ajenas.
No exige tiempos.
No promete resultados inmediatos.

Nace de la escucha interna.

Por eso, antes de elegir imágenes, colores o palabras, es necesario pausar.

El Vision Board no comienza con tijeras o pantallas: comienza con presencia.

Y esa presencia no es un estado perfecto, sino un regreso.

Cada vez que vuelves a ti, estás creando desde un lugar más verdadero.

Antes de crear
Preparar el espacio interno

Antes de recortar, pegar o seleccionar imágenes digitales, detente unos minutos.

Respira lento.
Permite que tu cuerpo se aquiete.
Vuelve a tu intención principal.

Recuerda cómo deseas sentirte, más que lo que deseas lograr.

Cuando una intención nace del cuerpo y no solo de la mente, se vuelve más clara y más sostenible.

Pregúntate con honestidad:
¿Qué necesito integrar en esta etapa de mi vida?
¿Qué cualidad interna quiero fortalecer?
¿Qué forma de vivir estoy eligiendo sostener?

No busques respuestas perfectas.
Busca resonancia interna.

Si algo se siente forzado, aún no es el momento. Si algo se siente simple pero verdadero, es suficiente.

A veces, lo que más transforma no es una meta grande, sino una dirección interna clara: paz, estabilidad, libertad, presencia, límites, autoestima, descanso.

Qué incluir en tu mapa de sueños

Símbolos antes que metas

Un Vision Board consciente no se construye únicamente con metas externas.

Se construye con símbolos que representen estados internos, decisiones sostenidas y formas de habitar la vida.

Puedes incluir:
Imágenes que representen calma, expansión, estabilidad o libertad.

Palabras que evoquen valores, no exigencias.

Colores que te transmitan equilibrio, enfoque o claridad.

Símbolos que conecten con etapas que deseas transitar, no solo con resultados.

No todo tiene que ser literal.

A veces una imagen no representa algo que quieres "lograr", sino algo que deseas sentir: seguridad, ligereza, pertenencia, amor propio.

También puedes incluir recordatorios de cómo quieres vivir el proceso, no solo el resultado. Por ejemplo:

una imagen que te recuerde hacer pausas,

un símbolo de orden y simplicidad,

una palabra que represente límites sanos,

una escena que evoque descanso y regulación.

Confía en lo que te atrae sin explicación lógica. El cuerpo reconoce antes que la mente.

Si una imagen te expande, te calma o te da claridad, ya está cumpliendo su función.

Organización del mapa

Estructura flexible, no rígida

Algunas personas eligen dividir su mapa por áreas: bienestar, trabajo, relaciones, crecimiento personal.
Otras prefieren una composición libre e intuitiva.
Ambas opciones son válidas.

Lo importante no es el orden visual, sino la coherencia interna.

Si al mirar tu mapa sientes calma, claridad o expansión, estás en el camino correcto.

No existe un punto "correcto" para comenzar.
Comienza por aquello que hoy se sienta más vivo en ti.

A veces el centro no es una meta, sino un valor, una palabra o una emoción.

Puedes iniciar con lo que te sostiene y, desde ahí, dejar que el resto se acomode.

Si lo deseas, puedes elegir una palabra central que funcione como eje del tablero.

No para limitarte, sino para unificar la energía.

Algunas palabras eje pueden ser: presencia, estabilidad, claridad, merecimiento, calma, confianza, libertad, coherencia.

El rol del color y la estética

Sensación antes que perfección

El color no manifiesta por sí solo.
La intención con la que lo eliges sí importa.

No busques combinaciones perfectas ni
referencias externas.

Elige tonos que te hagan sentir sostenida,
enfocada o en equilibrio. Si un color te genera
bienestar, es suficiente.

La estética no es para impresionar.
Es para acompañar.

Tu mapa no necesita verse "bonito" para otros;
necesita sentirse verdadero para ti.

La belleza, en este contexto, no es decoración: es
armonía interna.

Durante la creación

Escucha más de lo que piensas

Mientras colocas cada elemento, haz pausas breves y pregúntate:

¿Esto representa cómo quiero sentirme?
¿Esto se alinea con la persona que estoy eligiendo ser?
¿Estoy creando desde la calma o desde la urgencia?

Si algo no resuena, retíralo sin culpa.
Soltar también es una forma de manifestar.

No fuerces el proceso.

El Vision Board no responde a reglas externas, responde a tu conexión interna.

Si en algún momento sientes saturación, detente.

La pausa también es parte de crear con conciencia.

Puedes darte permiso de hacerlo en etapas: hoy eliges imágenes, mañana organizas, otro día pegas o acomodas.

Un tablero consciente no se construye con prisa.

Después de crear

Relación, no vigilancia

Coloca tu mapa de sueños en un espacio visible, no para vigilarlo ni exigir resultados, sino para permitir que tu mente y tu emoción recuerden, de manera suave, la dirección elegida.

No necesitas mirarlo todos los días ni repetir afirmaciones frente a él.

A veces una sola mirada basta para reordenarte internamente. El objetivo no es obsesión; es recordatorio.

Tu Vision Board no es un contrato con la vida. Es una conversación contigo.

Puedes usarlo como una brújula. No para controlar el camino, sino para volver a ti cuando te dispersas.

En los días difíciles, tu mapa puede ayudarte a recordar: "Esta es la forma en la que quiero vivir", incluso si el resultado aún no se ve.

Evolución y desapego

Cuando soltar también es avanzar

Tu mapa de sueños puede transformarse con el tiempo. Puedes actualizarlo, ajustarlo o incluso guardarlo cuando sientas que ya cumplió su función.

Manifestar no es aferrarse a una imagen.
Es permitir que tu proceso evolucione.

Si algo deja de resonar, confía en eso. Cambiar de intención no significa fallar; significa escucharte mejor.

La vida cambia, tú cambias, y tu visión también puede cambiar.

Eso no es incoherencia; es crecimiento.

Recordatorio esencial

El tablero no manifiesta por ti.
No decide por ti.
No reemplaza la acción.

Lo que crea transformación es:
La conciencia con la que lo hiciste.
La coherencia con la que eliges actuar.
La forma en la que te sostienes cuando dudas.

El mapa acompaña.

Tú manifiestas.

CIERRE CONSCIENTE

Antes de dar por terminado este recorrido,
regálate una última pausa.

No para evaluar si "funcionó".
No para medir resultados.
No para preguntarte si hiciste suficiente.

Este cierre no busca conclusiones.
Busca presencia.

Habitar lo aprendido

A lo largo de estas páginas no se te pidió convertirte en alguien distinto, sino reconocer cómo te relacionas contigo misma mientras creas.

No se trató de llegar a un punto ideal, sino de aprender a sostenerte con mayor honestidad en el proceso.

Ahora, sin prisa, completa estas frases.
No desde lo que falta, sino desde lo que ya se movió en ti.

Hoy me llevo de este proceso…

____

____

La intención que elijo sostener a partir de ahora es…

____

____

La forma en la que me comprometo a cuidarme mientras manifiesto es…

____

____

Respira profundo.
Reconoce el camino recorrido, incluso si fue sutil.
La integración no siempre se nota de inmediato.
A veces ocurre en silencio.

Este cierre no marca un final.
Marca una forma distinta de estar contigo.

CARTA FINAL DE LA AUTORA

Si has llegado hasta aquí, quiero agradecerte profundamente por regalarte este tiempo.

Leer este libro no fue un acto automático; fue una elección consciente. Elegiste pausar, observarte y abrir un espacio para crear con mayor presencia.

Este libro no fue escrito desde un lugar de certeza absoluta.

Lo escribí mientras iniciaba mi propio camino en la manifestación, tomando notas, observándome y escribiendo día a día lo que iba experimentando para comprender, desde la práctica, cómo funciona este proceso en la vida real.

No nace desde la teoría, sino desde la experiencia.

Desde intentar, equivocarme, ajustar y volver a empezar.

Desde aprender a escucharme, a cuestionar mis patrones y a relacionarme con mis pensamientos, emociones y acciones con mayor conciencia.

Este libro no fue creado para darte respuestas definitivas ni para prometerte resultados inmediatos.

Fue escrito para acompañarte a recordar algo esencial: tú ya participas activamente en la creación de tu vida, incluso cuando no siempre eres consciente de ello.

Manifestar no es controlar el camino, sino aprender a caminarlo con mayor honestidad, responsabilidad y apertura.

A lo largo de estas páginas te invité a pausar, a agradecer, a nombrar tu intención, a sentirla, a cuidar tus palabras, a tomar acciones coherentes y a confiar.

No como pasos rígidos, sino como una práctica viva que puedes adaptar a tu ritmo, a tus procesos y a tus momentos.

Habrá días en los que te sentirás clara y alineada, y otros en los que dudarás.

Ambos forman parte del camino.

Manifestar no es estar siempre en equilibrio, sino aprender a regresar a ti cuando te pierdes un poco.

Si algo de este libro resonó contigo, confía en eso.

No necesitas aplicarlo todo ni hacerlo perfecto.

A veces, una sola reflexión es suficiente para iniciar un cambio profundo.

A veces, una pausa consciente puede transformar más que muchas acciones apresuradas.

Deseo que estas palabras te acompañen como un recordatorio suave: no estás atrasada, no estás rota y no necesitas convertirte en alguien distinto para crear una vida más alineada contigo.

Estás en proceso, y eso ya es valioso.

Gracias por permitirte este espacio.
Gracias por elegirte.

Con cariño y presencia,
Elvira Sombra

SOBRE LA AUTORA

Elvira Sombra es escritora y creadora de espacios conscientes. Su trabajo nace de una búsqueda personal por comprender cómo habitamos la vida cotidiana y de qué manera la presencia y la honestidad interna transforman la forma en que elegimos y creamos.

A través de la escritura reflexiva y la observación consciente, Elvira invita a pausar, escucharse y volver a lo esencial.

Su enfoque es humano, accesible y realista, alejado de fórmulas rígidas o promesas inmediatas.

Además de su labor como escritora, es oficiante de bodas, donde acompaña a personas y parejas en rituales significativos que honran la palabra, la presencia y la elección consciente como actos de transformación.